Backen
mit
Mini-Silikonbackformen

DIE BESTEN REZEPTE

Weltbild

INHALT

KUCHEN-
KLASSIKER

SCHOKOTARTE

Für 1 runde Silikonform (4 Stücke)
15 Min. Zubereitung
25 Min. Backen
Pro Stück ca. 254 kcal,
5 g EW, 19 g F, 17 g KH

40 g Zartbitterschokolade
40 g Butter
40 g Zucker
1 Msp. gemahlene Vanille
40 g gemahlene Mandeln
1 Ei
1 gehäufter TL Mehl
½ TL Backpulver
1 Prise Salz
Puderzucker zum
Bestäuben (nach Belieben)

Außerdem
neutrales Öl und
Mehl für die Form

1 Den Backofen auf 160° vorheizen. Die Form mit Öl einfetten und mit Mehl ausstreuen. Die Schokolade in Stücke brechen und mit der Butter in einer Schüssel über dem heißen Wasserbad schmelzen lassen. Zucker, Vanille und Mandeln einrühren. Das Ei unterrühren. Mehl, Backpulver und Salz mischen und kurz unterrühren.

2 Den Teig in die Form füllen, glatt streichen und im Ofen (Mitte) 25–30 Min. backen.

3 Den Kuchen herausnehmen und nach Belieben mit Puderzucker bestäuben (dafür eventuell eine Schablone verwenden). Die Schokotarte frisch aus dem Ofen, lauwarm oder abgekühlt mit Schlagsahne, Eis oder Fruchtsalat servieren.

TIPP

Im Herbst essen wir dazu noch einen fruchtigen Zwetschgensalat. Dafür 500 g Zwetschgen waschen, vierteln und entsteinen. Die Viertel in 50 ml Portwein, 70 ml Holundersaft und 100 g Zucker 30 Min. marinieren. Mit dem Saft von ½ Zitrone und 1 Msp. Zimtpulver abschmecken. Den Zwetschgensalat nach Belieben mit Walnusskrokant bestreuen.

NUSSKROKANT SELBER MACHEN

Für den Krokant in einer beschichteten Pfanne 2 EL grob gehackte Walnüsse (ca. 50 g) und 1 EL Zucker unter Rühren erhitzen. Sobald der Zucker schmilzt und die Walnüsse leicht bräunen, auf einen Teller geben und abkühlen lassen. Funktioniert auch mit grob gehackten Haselnüssen oder Mandelspänen.

BIENENSTICH

Für 1 runde Silikonform (4 Stücke)
25 Min. Zubereitung
30 Min. Backen
Pro Stück ca. 313 kcal,
6 g EW, 21 g F, 25 g KH

50 g weiche Butter
50 g Zucker
35 g gemahlene Mandeln
1 Messerspitze Vanille (aus der Schote)
2 TL Honig
1 Ei (Eigelb für Teig, Eiweiß für Belag)
40 g Mehl
½ TL Backpulver
20 ml Milch
3–5 TL Mandelblätter (nach Belieben)

Außerdem
neutrales Öl und
Mehl für die Form

1 Für den Belag 35 g Butter, 35 g Zucker, gemahlene Mandeln, Vanille und Honig unter Rühren aufkochen. Die Masse kurz abkühlen lassen.

2 Inzwischen den Backofen auf 180° vorheizen. Die Form mit Öl einfetten. Für den Teig 15 g Butter und 15 g Zucker mit den Schneebesen des Handrührgeräts cremig rühren. Das Eigelb einrühren, das Mehl und das Backpulver mischen und mit der Milch kurz unterrühren. Den Teig in die Form füllen und mit einem Löffel glatt streichen.

3 Das Eiweiß unter die Mandelmasse rühren. Die Masse auf dem Teig verteilen. Nach Belieben Mandelblättchen aufstreuen und den Kuchen im Ofen (Mitte) 30 Min. backen.

EINFACHER KÄSEKUCHEN

Für 1 runde Silikonform (4 Stücke)
20 Min. Zubereitung
50 Min. Backen
Pro Stück ca. 306 kcal,
10 g EW, 14 g F, 35 g KH

70 g Mehl
40 g kalte Butter
12 g Puderzucker
1 Ei
200 g Magerquark
16 ml neutrales Öl
60 g Zucker
1 geh. TL Speisestärke

Außerdem
neutrales Öl und
Mehl für die Form

1 Den Backofen auf 180° vorheizen. Die Form mit Öl einfetten. Für den Teig das Mehl mit Butter und Puderzucker zu Streuseln verkneten. Die Streusel gleichmäßig in der Form verteilen und mit der Hand zu Boden und Rand formen.

2 Für den Belag das Ei trennen, das Eiweiß steif schlagen. Das Eigelb mit Quark, Öl, Zucker und Stärke verrühren. Den Eischnee unterheben und die Masse auf dem Boden verteilen. Im Ofen (Mitte) ca. 50 Min. backen. Der Kuchen kann sehr deutlich aufgehen. Dann den Ofen ausschalten und den Kuchen darin abkühlen lassen. Dabei die Backofentür einen Spalt geöffnet lassen. So fällt der Kuchen nicht zu sehr zusammen.

GOLDGELBER ZWETSCHGENDATSCHI

Für 1 runde Silikonform (4 Stücke)
15 Min. Zubereitung
40 Min. Backen
Pro Stück ca. 187 kcal,
1 g EW, 10 g F, 22 g KH

56 g Maismehl
Prise Backpulver
24 ml neutrales Öl
15 g Magerquark
20 g Zucker
1 EL gemahlene Haselnüsse
120 g Zwetschgen
12 g weiche Butter
1 Msp. Zimtpulver (nach Belieben)

Außerdem
neutrales Öl und
Mehl für die Form

1 Den Backofen auf 200° vorheizen. Die Form mit Öl einfetten. Für den Teig 40 g Maismehl mit Backpulver, Öl, Quark und 10 g Zucker von Hand oder mit den Knethaken des Handrührgeräts zu Streuseln verkneten. Die Streusel gleichmäßig in der Form verteilen und mit der Hand zu Boden und Rand formen. Die Haselnüsse aufstreuen und den Boden kurz beiseitestellen.

2 Für den Belag die Zwetschgen waschen, halbieren und entsteinen. Die Hälften mit der Schnittfläche nach oben dicht an dicht auf den Teig setzen.

3 Für die Streusel 16 g Maismehl mit 10 g Zucker, der Butter und nach Belieben dem Zimtpulver zu Streuseln verkneten. Die Streusel gleichmäßig auf den Zwetschgen verteilen und den Kuchen im Ofen (Mitte) ca. 40 Min. backen.

TIPP

Sie können das Maismehl für den Quark-Öl-Teig auch gegen Dinkel- oder Weizenmehl (ausgemahlen oder Vollkorn) tauschen. Dann sind die Streusel jedoch nicht mehr so goldfarben. Für die Farbe kann man deshalb noch 1 TL Vanillepuddingpulver (zum Kochen) unters Mehl mischen.

SANDKUCHEN

Für 1 viereckige Silikonform (4 Stücke)
30 Min. Zubereitung
25 Min. Backen
Pro Stück ca. 319 kcal,
5 g EW, 17 g F, 36 g KH

½ Bio-Zitrone
2 kleine Eier
Salz
60 g weiche Butter
60 g Zucker
½ Pck. Vanillezucker
60 g Mehl
20 g Speisestärke
1 TL Backpulver
60 g Puderzucker

Außerdem
neutrales Öl und
Mehl für die Form

1 Den Backofen auf 180° vorheizen. Die Form auf ein Backblech stellen. Die Zitrone heiß abwaschen und abtrocknen. Von der Schale 1 TL dünn abreiben. Anschließend die halbe Frucht auspressen und 2 EL davon für die Glasur beiseitestellen, der übrige Saft wird für den Teig benötigt.

2 Für den Teig die Eier trennen und die Eiweiße mit 1 Prise Salz steif schlagen. Die Butter mit Zucker, Vanillezucker und den Eigelben cremig rühren. Zitronenschale und -saft unterrühren. Den Eischnee auf die Eigelbcreme geben. Mehl, Speisestärke und Backpulver mischen, darübersieben und alles locker unterheben.

3 Den Teig gleichmäßig auf die Form verteilen und im heißen Ofen (Mitte) ca. 25 Min. backen. Den Kuchen herausnehmen und ca. 10 Min. abkühlen lassen, dann aus der Form lösen.

4 Für die Glasur den Puderzucker mit den restlichen 2 EL Zitronensaft und 1 EL Wasser glatt rühren. Den abgekühlten Kuchen mit der Zitronenglasur überziehen.

APFEL-RÜHRKUCHEN

Für 1 viereckige Silikonform (4 Stücke)
30 Min. Zubereitung
40 Min. Backen
Pro Stück ca. 350 kcal,
5 g EW, 17 g F, 44 g KH

60 g Butter
1 großer Apfel
3 TL Zitronensaft
1 TL Vanillezucker
1 Ei
50 g Zucker
75 g Mehl
20 g Mandelblätter
2 TL Puderzucker
1 EL Apfelgelee

Außerdem
neutrales Öl und
Mehl für die Form

1 Den Backofen auf 180° vorheizen. Die Form auf ein Backblech stellen. Die Butter in einem Topf bei schwacher Hitze schmelzen. Den Apfel schälen, achteln und entkernen. Die Achtel in feine Scheiben schneiden und in einer Schüssel mit Zitronensaft und Vanillezucker mischen.

2 Das Ei zusammen mit dem Zucker hellcremig aufschlagen. Das Mehl unterheben und die geschmolzene Butter untermischen. Zuletzt die Apfelscheiben unter den Teig heben. Den Teig dann gleichmäßig in die Form füllen und im heißen Ofen (Mitte) ca. 40 Min. backen.

3 Inzwischen die Mandelblättchen mit dem Puderzucker mischen und in einer Pfanne ohne Fett goldbraun rösten. Das Apfelgelee erwärmen. Den Kuchen aus dem Ofen nehmen, noch heiß mit dem Apfelgelee bestreichen und mit den karamellisierten Mandeln bestreuen. Den Kuchen ca. 10 Min. abkühlen lassen, danach aus der Form lösen.

TIPP

Statt Äpfeln machen sich auch Aprikosen sehr gut im Teig. Dafür ca. 200 g Aprikosen aus der Dose in einem Sieb abtropfen lassen. Die Früchte klein würfeln und mit dem Vanillezucker bestreuen. Den Teig wie beschrieben zubereiten und zuletzt die Aprikosenwürfel unterheben. Den Teig in die Form füllen und wie beschrieben backen. Kuchen leicht abgekühlt aus der Form lösen und mit Puderzucker bestäubt servieren.

STREUSELKUCHEN

Für 1 viereckige Silikonform (4 Stücke)
30 Min. Zubereitung
30 Min. Ruhen
25 Min. Backen
Pro Stück ca. 358 kcal,
7 g EW, 17 g F, 44 g KH

40 ml Milch
70 g Butter
150 g Mehl
1 Prise Salz
3 g Trockenhefe
50 g Zucker
1 Ei (M)
1 EL Vanillezucker
2 EL Aprikosenkonfitüre

Außerdem
Mehl zum Arbeiten

1 Für den Teig die Milch in einem Topf bei schwacher Hitze erwärmen und 35 g Butter darin schmelzen. In einer Schüssel 100 g Mehl mit Salz und Hefe mischen. Dann 20 g Zucker, Ei und die warme Milch zugeben und alles rasch zu einem glatten Teig verkneten. Diesen zugedeckt an einem warmen Ort ca. 30 Min. gehen lassen.

2 Den Backofen auf 180° vorheizen. Die Form auf ein Backblech stellen. Für die Streusel restliches Mehl, restlichen Zucker, Vanillezucker und die übrige Butter in Flöckchen mischen und mit den Händen zu Streuseln verarbeiten.

3 Den Hefeteig auf der bemehlten Arbeitsfläche durchkneten. Den Teig in die Form legen und flach drücken. Die Aprikosenkonfitüre erwärmen und den Teig damit bestreichen. Die Streusel darauf verteilen.

4 Den Kuchen im heißen Ofen (Mitte) ca. 25 Min. backen. Herausnehmen und ca. 10 Min. abkühlen lassen, danach aus der Form lösen.

SAFTIGER ZITRONENKUCHEN

Für 1 runde Silikonform (4 Stücke)
15 Min. Zubereitung
35 Min. Backen
Pro Stück ca. 333 kcal,
4 g EW, 18 g F, 37 g KH

80 g weiche Butter
80 g Zucker
1 Ei
1 Bio-Zitrone
80 g Mehl
½ TL Backpulver
½ EL Puderzucker

Außerdem
neutrales Öl und Mehl für die Form

1 Den Backofen auf 180° vorheizen. Die Form mit Öl einfetten und mit Mehl ausstreuen. Für den Teig Butter und Zucker mit dem Handrührgerät cremig rühren. Das Ei unterrühren, bis eine glatte Masse entstanden ist.

2 Die Zitrone heiß waschen und abtrocknen. Die Schale von ¼ Zitrone direkt in den Teig reiben, die Frucht dann auspressen. Mehl und Backpulver mischen. Die Mehlmischung und ½ EL Zitronensaft kurz unter den Teig rühren. Den Teig in die Form füllen und im Ofen (Mitte) ca. 35 Min. backen.

3 Den Kuchen herausnehmen und 5 Min. ruhen lassen. Dann aus der Form lösen und mit einem Holzstäbchen kleine Löcher in den noch warmen Kuchen stechen. Den Puderzucker mit dem restlichen Zitronensaft verrühren und mit einem Esslöffel über den Kuchen träufeln. Danach abkühlen lassen.

VARIANTE GEFÜLLTER SANDKUCHEN

Statt Zitronensaft 1 EL saure Sahne in den Teig rühren. Den Teig in die Form füllen und wie beschrieben backen. Den Sandkuchen nach dem Backen aus der Form lösen und abkühlen lassen. Dann waagerecht halbieren, den unteren Boden mit 2 EL Johannisbeergelee bestreichen und die obere Hälfte wieder auflegen. Für die Deko den Saft von ½ Zitrone mit 50 g Puderzucker zu einer dickflüssigen Glasur verrühren und den Sandkuchen damit überziehen.

FRUCHTIGE KUCHEN

SCHOKO-HIMBEER-TARTE

Für 1 runde Silikonform (4 Stücke)
1 Std. 10 Min Zubereitung
20–25 Min. Backen
Pro Stück ca. 502 kcal,
12 g EW, 24 g F, 58 g KH

Für den Boden
30 g weiche Butter
(+ Butter für die Form)
16 g Puderzucker
1 Eigelb
70 g Mehl
(+ Mehl für die Arbeitsfläche)
1 dunkler Biskuitboden (ca. 1 cm hoch;
am besten vom Bäcker)
1 EL Himbeergeist zum Beträufeln

Für das Gelee und die Himbeeren
2 Blatt rote Gelatine
80 g TK-Himbeeren
30 g Puderzucker
80 g frische Himbeeren

Für die Mousse
80 g Sahne | 70 g Zartbitterschokolade
2 Eier (Größe M) | 2 Eigelbe
25 g Zucker

Außerdem
1 Spritzbeutel mit kleiner oder
mittelgroßer Lochtülle

1 Für den hellen Boden Butter, Puderzucker, Eigelb und Mehl zu einem glatten Teig verkneten. Teig in Folie wickeln und 1 Std. kühl stellen.

2 Backofen auf 180° vorheizen. Die Form buttern. Den Teig auf einer bemehlten Arbeitsfläche ca. 3 mm dünn und rund ausrollen. Die Form damit auskleiden. Teig im heißen Ofen (Mitte, Umluft 160°) 20–25 Min. goldbraun backen. Aus dem Ofen nehmen und in der Form abkühlen lassen.

3 Inzwischen für das Gelee Gelatine ca. 5 Min. in kaltem Wasser einweichen. TK-Himbeeren mit Puderzucker aufkochen lassen, dann durch ein feines Sieb streichen. Gelatine in der heißen Himbeersauce auflösen.

4 Den dunklen Biskuitboden in Größe der Backform ausschneiden, in die Springform auf den gebackenen Teig legen und mit Himbeergeist gleichmäßig beträufeln. Himbeersauce daraufgießen. Form 1 Std. kühl stellen und das Gelee fest werden lassen. Frische Himbeeren verlesen und nebeneinander an den Tarterand setzen.

5 Für die Mousse Sahne steif schlagen. Schokolade schmelzen. Eier, Eigelbe und Zucker in 5 Min. weiß-schaumig schlagen. Ein Drittel der geschlagenen Sahne mit der flüssigen Schokolade glatt rühren. Restliche Sahne mit dem Ei-Schaum unterheben. Mousse in einen Spritzbeutel füllen und auf dem fest gewordenen Himbeergelee verteilen, z. B. in Blütenform. Tarte nochmals ca. 1 Std. kalt stellen, dann servieren.

KARTOFFEL-NUSS-KUCHEN MIT APRIKOSEN

Für 1 runde Silikonform (4 Stücke)
30 Min. Zubereitung
40 Min. Backen
Pro Stück ca. 263 kcal,
7 g EW, 12 g F, 30 g KH

120 g Kartoffeln
Salz
4 getrocknete Aprikosen (15 g)
3 Eier
½ TL Rum (nach Belieben)
50 g Zucker
abgeriebene Schale von ½ Bio-Limette
1–2 EL Limettensaft
50 g gemahlene Haselnüsse
1 EL Aprikosenkonfitüre
30 g Puderzucker

Außerdem
neutrales Öl und Haselnüsse
für die Form

1 Die Kartoffeln schälen und in 1 cm große Würfel schneiden. Die Würfel in Salzwasser in ca. 10 Min. weich kochen, dann abgießen. Inzwischen die getrockneten Aprikosen fein würfeln. Die Eier trennen und die Eiweiße steif schlagen. Den Backofen auf 180° vorheizen. Den Boden der Form mit Öl einfetten und mit Haselnüssen bestreuen.

2 Kartoffeln auf einem Teller mit einer Gabel fein zerdrücken. Eigelbe, Rum und Zucker mit den Schneebesen des Handrührgeräts dickschaumig rühren. Limettenschale in die Eigelbmasse geben. Kartoffeln, Aprikosen und Nüsse einrühren, den Eischnee unterheben. Den Teig in die Form füllen, glatt streichen und im Ofen (Mitte) ca. 40 Min. backen.

3 Herausnehmen und 5 Min. ruhen lassen. Den noch warmen Kuchen dann aus der Form lösen, mit Aprikosenkonfitüre bestreichen und abkühlen lassen. Limettensaft mit dem Puderzucker zu einer glatten Glasur verrühren und den Kuchen damit überziehen.

TIPP

Noch schneller geht's, wenn Sie eine bereits gekochte Pellkartoffel vom Vortag verwenden.

ORANGENKUCHEN MIT FRISCHKÄSEHAUBE

Für 1 runde Silikonform (4 Stücke)
20 Min. Zubereitung
35 Min. Backen
Pro Stück ca. 325 kcal,
5 g EW, 16 g F, 40 g KH

40 g Butter
75 g Mehl
1 gestr. TL Backpulver
ca. 30 g Vanillepuddingpulver
(zum Kochen)
40 g Zucker
1 Ei
½ Bio-Orange
100 g Doppelrahmfrischkäse
2 EL Puderzucker

Außerdem
neutrales Öl für die Form

1 Den Backofen auf 180° vorheizen. Die Form mit Öl einfetten. Für den Teig die Butter schmelzen. Mehl, Backpulver, Puddingpulver und Zucker mischen. Geschmolzene Butter und Ei unterrühren.

2 Die Orange heiß abwaschen, abtrocknen und eine Hälfte der Schale direkt in den Teig reiben. Die andere Hälfte mit einem Zestenreißer in dünnen Streifen abziehen und beiseitelegen. Die Orange dann auspressen und den Saft in den Teig rühren. Den Teig in die Form füllen und im Ofen (Mitte) ca. 35 Min. backen.

3 Herausnehmen und 5 Min. ruhen lassen. Den Kuchen dann aus der Form lösen, auf eine Kuchenplatte stürzen und abkühlen lassen. Für den Belag Frischkäse und Puderzucker verrühren. Die Creme auf den Kuchen streichen und nach Belieben mit einem Löffelrücken wellenförmig verzieren. Mit den Orangenzesten bestreuen.

TIPP

Sie naschen am liebsten die Frischkäsehaube? Dann bereiten Sie doch gleich mehr Creme (aus 300 g Frischkäse und 6 EL Puderzucker) zu.

STACHELBEER-KRÜMELKUCHEN

Für 1 runde Silikonform (4 Stücke)
20 Min. Zubereitung
20 Min. Backen
2 Std. Kühlen
Pro Stück ca. 225 kcal,
4 g EW, 10 g F, 30 g KH

40 g Zucker
50 g Mehl
1 Msp. gemahlene Vanille
½ TL Backpulver
25 ml neutrales Öl
25 ml Apfelsaft
1 Ei
120 g Stachelbeeren aus dem Glas
(Abtropfgewicht)
½ Pck. Vanillepuddingpulver
(zum Kochen)
125 ml Milch
1 Schoko-Cookie (ca. 20 g)

Außerdem
neutrales Öl für die Form

1 Den Backofen auf 180° vorheizen. Die Form mit Öl einfetten. Vom Zucker 1 Prise für den Belag beiseitestellen. Für den Teig restlichen Zucker, Mehl, Vanille und Backpulver mischen. Öl, Apfelsaft und Ei mischen, die Mehlmischung zügig unterrühren. Den Teig in die Form füllen und im Ofen (Mitte) 20–25 Min. backen. Auskühlen lassen.

2 Inzwischen für den Belag die Stachelbeeren abgießen und abtropfen lassen. Puddingpulver mit übrigem Zucker und 3 EL Milch glatt rühren. Die restliche Milch aufkochen, das Puddingpulver einrühren und 1–2 Min. kochen lassen. Die Beeren unter den noch warmen Pudding heben und den Stachelbeerpudding auf dem Kuchen verteilen.

3 Cookie in einen Gefrierbeutel geben und mit der Teigrolle zerbröseln. Die Brösel auf den Pudding streuen. Den Kuchen 2–3 Std. kühlen, dann aus der Form lösen.

TIPP

Wer's schokoladig mag, rührt noch 1 TL Kakaopulver unter die Mehlmischung.

KIRSCHKUCHEN MIT STREUSELN

Für 1 runde Silikonform (4 Stücke)
20 Min. Zubereitung
40 Min. Backen
Pro Stück ca. 321 kcal,
5 g EW, 12 g F, 39 g KH

70 g Kirschen aus dem Glas
(Abtropfgewicht)
120 ml Kirschsaft von den abgetropften
Kirschen
¼ Pck. Vanillepuddingpulver (10 g)
1 TL Kirschwasser (nach Belieben)
110 g Mehl
50 g Butter
50 g Zucker
1 kleines Ei

Außerdem
neutrales Öl für die Form

1 Für den Belag vom Kirschsaft 10 ml abnehmen und mit dem Puddingpulver glatt rühren. Die Kirschen mit dem restlichen Saft in einen Topf füllen und erhitzen. Das angerührte Puddingpulver einrühren und unter Rühren aufkochen lassen. Den Pudding vom Herd nehmen und nach Belieben das Kirschwasser unterrühren. Den Pudding abkühlen lassen, dabei ab und zu umrühren.

2 Den Backofen auf 180° vorheizen. Die Form mit Öl einfetten. Für den Teig Mehl, Butter, Zucker und Ei zu Streuseln verkneten. Sind die Streusel zu feucht, mehr Mehl zugeben. Zwei Drittel der Streusel gleichmäßig in der Form verteilen und mit der Hand zu Boden und Rand formen.

3 Den Kirschpudding auf den Boden gießen und die restlichen Streusel darauf verteilen. Im Ofen (Mitte) ca. 40 Min. backen, bis die Streusel leicht bräunen. Den Kuchen in der Form abkühlen lassen.

TIPP

Zu diesem fruchtigen Kuchen muss bei uns unbedingt eine große Schüssel frisch geschlagene Sahne auf den Tisch!

ITALIENISCHE APFELTARTE

Für 1 runde Silikonform (4 Stücke)
10 Min. Zubereitung
50 Min. Backen
Pro Stück ca. 137 kcal,
2 g EW, 6 g F, 18 g KH

20 g Butter
20 g Mehl
1 Ei
30 g Zucker
20 ml Milch
½ TL gemahlene Vanille
abgeriebene Schale von ½ Bio-Zitrone
160 g Äpfel (ca. ein mittelgroßer Apfel)
2 frische Rosmarinnadeln
(nach Belieben)

Außerdem
neutrales Öl und
Mehl für die Form

1 Den Backofen auf 175° vorheizen. Die Form mit Öl einfetten und mit Mehl ausstreuen. Die Butter schmelzen und mit Ei, Mehl, Zucker, Milch und Vanille verrühren. Die Zitronenschale unterrühren.

2 Den Apfel waschen, vierteln und das Kerngehäuse entfernen. Die Viertel mit Schale längs halbieren, dann quer in feine Scheiben schneiden. Die Äpfel unter den Teig heben. Nach Belieben den Rosmarin fein hacken und ebenfalls unterheben.

3 Den Teig in die Form füllen und im Ofen (Mitte) ca. 50 Min. backen. Herausnehmen, 5 Min. ruhen lassen, dann den Formrand ablösen. Den Kuchen mit dem Formboden auf eine Kuchenplatte stellen und warm oder kalt servieren.

TIPP

Die »Torta di mele«, wie die Italiener ihre Apfeltarte nennen, ist sehr süß und saftig. Man kann sie auch am Ende eines Menüs mit einem Espresso als Dessert servieren.

TRAUBEN-SCHMAND-KUCHEN

Für 1 runde Silikonform (4 Stücke)
20 Min. Zubereitung
20 Min. Backen
Pro Stück ca. 340 kcal,
4 g EW, 21 g F, 32 g KH

65 g Mehl
50 g Zucker
1 Msp. gemahlene Vanille
¾ TL Backpulver
35 ml neutrales Öl
35 ml Apfelsaft
1 Ei
70 g kleine kernlose
Weintrauben
65 g Sahne
¾ Pck. Sahnefestiger
¾ Pck. Vanillezucker
¾ TL Puderzucker
100 g Schmand
Zimtpulver zum Bestäuben

Außerdem
neutrales Öl für die Form

1 Den Backofen auf 175° vorheizen. Die Form mit Öl einfetten. Mehl, Zucker, Vanille und Backpulver mischen. Öl, Apfelsaft und das Ei in einer zweiten Schüssel verrühren und dann die Mehlmischung zügig unterrühren. Den Teig in die Form füllen und im Ofen (Mitte) ca. 20 Min. backen. Den Kuchen herausnehmen, 5 Min. ruhen lassen, dann aus der Form lösen und abkühlen lassen.

2 Inzwischen für den Belag die Trauben waschen, trocken tupfen und von den Stielen zupfen. Die Sahne steif schlagen, dabei Sahnefestiger, Vanillezucker und Puderzucker einstreuen. Den Schmand unterrühren und die Trauben unterheben. Die Traubencreme leicht kuppelförmig auf den abgekühlten Kuchen streichen. Mit Zimtpulver bestäuben.

TIPP

Gerade keine Traubensaison? Dann ersetzen Sie die Trauben je nach Jahreszeit durch andere klein geschnittene Früchte. Im Frühjahr z. B. schmeckt der Kuchen mit Erdbeeren, im Hochsommer mit Pfirsichen.

SCHOKO-BANANEN-KUCHEN

Für 1 Herz-Silikonform (4 Stücke)
30 Min. Zubereitung
1 Std. Ruhen
25 Min. Backen
Pro Stück ca. 196 kcal,
5 g EW, 6 g F, 30 g KH

ca. 4 g frische Hefe
1 TL Zucker
40 ml lauwarme Milch
10 g Butter
80 g Mehl
1 Ei (Größe M)
20 g Ahornsirup
1 kleine Prise Salz
1 Bio-Zitrone
1 Banane
20 g Zartbitterschokolade

Außerdem
neutrales Öl und
Mehl für die Form

1 Die Hefe in kleine Stücke krümeln und mit dem Zucker und 1–2 EL Milch glatt verrühren. Die Butter in kleine Würfel schneiden und mit der restlichen Milch in einem Topf schmelzen lassen.

2 Das Mehl in eine Schüssel geben. Die angerührte Hefe, die Milch mit der Butter, das Ei, 15 g Ahornsirup und das Salz dazugeben und alles mit den Knethaken des Handrührgeräts zu einem glatten, weichen Teig verarbeiten. Den Teig zugedeckt an einem warmen Ort ca. 1 Std. gehen lassen.

3 Den Backofen auf 200° (Umluft 180°) vorheizen. Die Zitrone heiß waschen und abtrocknen, die Schale fein abreiben, 1/6 l Saft auspressen. Die Banane schälen, eine Hälfte davon in kleine Würfel schneiden und mit der Zitronenschale und 2 EL Saft mischen. Die andere Bananenhälfte in Scheiben schneiden. Die Schokolade in kleine Stücke würfeln.

4 Die Schokolade und die Bananenwürfel unter den Teig rühren. Den Teig in die Form verteilen und mit den Bananenscheiben belegen. Den übrigen Ahornsirup mit 2 TL Zitronensaft verrühren und auf den Bananen verstreichen.

5 Den Mini-Kuchen im heißen Ofen (Mitte) ca. 25 Min. backen. Den Kuchen zunächst 10 Min. in der Form stehen lassen, dann herauslösen und komplett abkühlen lassen.

RICOTTAKUCHEN MIT PASSIONSFRÜCHTEN

Für 1 Herz-Silikonform (4 Stücke)
20 Min. Zubereitung
30 Min. Backen
Pro Stück ca. 129 kcal,
4 g EW, 6 g F, 15 g KH

1 Bio-Limette
1 Passionsfrucht
1 Ei (Größe M)
1 Prise Salz
100 g Ricotta
½ Pck. Vanillepuddingpulver
20 g Zucker
1 Pck. Vanillezucker

Außerdem
Fett und Mehl für die Form

1 Den Backofen auf 180° (Umluft 160°) vorheizen. Die Form fetten und mit Mehl ausstreuen. Die Limette heiß waschen und abtrocknen, die Schale fein abreiben, die Frucht halbieren, eine Hälfte auspressen. Die Passionsfrucht durchschneiden und das Fruchtfleisch sorgfältig mit einem Esslöffel aus den Schalen schaben.

2 Das Ei trennen, das Eiweiß mit dem Salz zu steifem Schnee schlagen. Den Ricotta mit dem Eigelb, dem Puddingpulver, dem Zucker und dem Vanillezucker gründlich verrühren. Die Limettenschale und 1 EL Saft mit den Passionsfrüchten untermischen. Den Eischnee mit dem Schneebesen vorsichtig unterheben. Die Masse in die Form füllen. Den Kuchen im heißen Ofen (Mitte) ca. 30 Min. backen. 10 Min. in der Form stehen lassen, herauslösen und ganz abkühlen lassen.

BIRNENTARTE

Für 1 Herz-Silikonform (4 Stücke)
25 Min. Zubereitung
30 Min. Backen
Pro Stück ca. 125 kcal,
1 g EW, 6 g F, 15 g KH

52 g Mehl
30 g kalte Butter
5 g Puderzucker

Für Belag und Deko
1 ½ EL Orangenmarmelade
½ Birne
Puderzucker zum Bestäuben

Außerdem
Neutrales Öl für die Form

1 Den Backofen auf 180° vorheizen. Die Form mit Öl einfetten. Für den Teig Mehl, Butter und Puderzucker zu Streuseln verkneten. Die Streusel gleichmäßig in der Form verteilen und mit der Hand zu Boden und Rand formen.

2 Für den Belag 1 EL Orangenmarmelade mit einem Löffelrücken auf den Teig streichen. Die halbe Birne nach Belieben schälen, dann vierteln und das Kerngehäuse entfernen. Ein weiteres Mal halbieren und die Spalten quer in feine Scheiben schneiden. Die Birnenscheibchen vom oberen Rand anfangend in die Form schichten, sodass sie sich leicht überlappen. Die Tarte im Ofen (Mitte) ca. 30 Min. backen, bis der Rand goldbraun wird.

3 Aus dem Ofen nehmen. Die restliche Orangenmarmelade mit 1 TL heißem Wasser verrühren und mit einem Backpinsel auf die Birnen streichen. Die Tarte auskühlen lassen und zum Servieren mit Puderzucker bestäuben.

TIPP

Zur Abwechslung kann man die Tarte ganz klassisch mit Äpfeln statt mit Birnen backen. Teig und Früchte dann nicht mit Orangenmarmelade bestreichen, sondern mit aromatischem Quittengelee. Wer mag, kann die Tarte auch mit feinen Linien aus geschmolzener Zartbitterkuvertüre verzieren.

JOHANNISBEER-BAISER-KUCHEN

Für 1 Herz-Silikonform (4 Stücke)
20 Min. Zubereitung
35 Min. Backen
Pro Stück ca. 227 kcal,
4 g EW, 13 g F, 21 g KH

1 Ei
52 g Mehl
30 g kalte Butter
10 g Zucker
60 g Rote Johannisbeeren
30 g Puderzucker
1 EL gemahlene Haselnüsse
1–2 EL gehackte Haselnüsse

Außerdem
neutrales Öl für die Form

1 Den Backofen auf 200° vorheizen. Die Form mit Öl einfetten. Das Ei trennen. Mehl, Butter, Zucker und Eigelb zu Streuseln verkneten. Die Streusel in der Form verteilen und mit der Hand zu Boden und Rand formen. Den Boden mit einer Gabel mehrmals einstechen und im Ofen (Mitte) ca. 12 Min. vorbacken.

2 Inzwischen die Johannisbeeren waschen, trocken tupfen und von den Rispen streifen. Das Eiweiß mit den Schneebesen des Handrührgeräts steif schlagen und gegen Ende den Puderzucker einrieseln lassen.

3 Den vorgebackenen Boden aus dem Ofen nehmen. Die gemahlenen Haselnüsse daraufstreuen und die Johannisbeeren darauf verteilen. Den Eischnee daraufstreichen und die gehackten Haselnüsse aufstreuen.

4 Die Backofentemperatur auf 160° herunterschalten und den Kuchen im Ofen (Mitte) nochmals 20–25 Min. backen, bis das Baiser leicht bräunt. Herausnehmen und abkühlen lassen.

TIPP

Die Schwaben nennen Johannisbeeren liebevoll »Träuble« und diesen heiß geliebten Kuchen »Träubleskuchen«. Außerhalb der Johannisbeersaison können Sie den Kuchen auch mit tiefgekühlten Roten Johannisbeeren aus dem Vorrat zubereiten. Die Beeren dafür antauen lassen, den Saft abgießen und die Beeren auf den Haselnüssen verteilen. Alternativ schmeckt der Kuchen auch mit in Stücke geschnittenem Rhabarber oder mit frischen Stachelbeeren.

PREISELBEER-BUCHWEIZEN-KUCHEN

Für 1 Herz-Silikonform (4 Stücke)
15 Min. Zubereitung
15 Min. Backen
Pro Stück ca. 176 kcal,
2 g EW, 8 g F, 23 g KH

Für den Teig
1 Ei
40 g Zucker
40 g Buchweizenmehl

Für Belag und Deko
100 g Sahne
½ Pck. Sahnefestiger
60 g Wildpreiselbeeren
1 EL Schokospäne

Außerdem
neutrales Öl und Buchweizenmehl
für die Form

1 Den Backofen auf 200° vorheizen. Nur den Formboden mit Öl einfetten und mit Buchweizenmehl bestreuen.

2 Für den Teig Ei, Zucker und ½ EL heißes Wasser mit den Schneebesen des Handrührgeräts hell und dickschaumig aufschlagen. Das Buchweizenmehl ganz kurz unterrühren, bis es nicht mehr sichtbar ist. Den Teig in die Form füllen und im Ofen (Mitte) 15–20 Min. backen.

3 Den Kuchen herausnehmen und 5 Min. ruhen lassen. Dann aus der Form lösen, auf eine Kuchenplatte stürzen und den Formboden mit einem Messer vorsichtig ablösen. Abkühlen lassen.

4 Für den Belag die Sahne steif schlagen, dabei nach und nach den Sahnefestiger einstreuen. Die Preiselbeeren locker unterheben. Die Preiselbeersahne auf dem Kuchen und dem Kuchenrand verstreichen. Mit den Schokospänen bestreuen.

VARIANTE CRANBERRYBISKUIT

Im Herbst schmeckt mir dieser Kuchen besonders gut mit frischen Cranberrys. Dafür frische Cranberrys waschen, trocken tupfen und mit etwas Zucker mischen. Die Beeren auf dem Teig verteilen und diesen wie beschrieben backen. Den abgekühlten Biskuit dann rundum mit leicht gesüßter Schlagsahne bestreichen. Cranberrys sind Kulturpreiselbeeren. Sie stammen meist aus den USA und sind größer und milder als Wildpreiselbeeren. Frisch bekommt man sie ab dem Spätherbst, getrocknet gibt es sie das ganze Jahr.

WÜRZIG & SAHNIG

KARAMELLKUCHEN

Für 1 runde Silikonform (4 Stücke)
25 Min. Zubereitung
15 Min. Backen
Pro Stück ca. 206 kcal,
2 g EW, 15 g F, 17 g KH

44 g Mehl
48 g kalte Butter
32 g brauner Zucker
40 g Sahne
10 g Zartbitter-Kuchenglasur
(zum Erwärmen im Beutel, nach
Belieben)

Außerdem
neutrales Öl für die Form

1 Den Backofen auf 200° vorheizen. Die Form mit Öl einfetten. Für den Teig Mehl, 40 g Butter und 12 g braunen Zucker zu Streuseln verkneten. Die Streusel in der Form verteilen und mit der Hand zu Boden und Rand formen. Den Boden dann im Ofen (Mitte) 12–15 Min. goldgelb backen.

2 Für den Belag die Sahne mit 8 g Butter und 20 g braunen Zucker in einer beschichteten Pfanne bei schwacher Hitze unter Rühren erhitzen. Ca. 5 Min. köcheln lassen, bis der Karamell hellbraun und dickflüssig geworden ist und sich vom Pfannenrand löst. Den Karamell auf dem Mürbeteigboden verteilen und abkühlen lassen.

3 Für die Deko nach Belieben die Kuchenglasur nach Packungsangabe im heißen Wasserbad oder in der Mikrowelle im Beutel schmelzen. Eine kleine Ecke abschneiden und den Kuchen mit feinen Schokostreifen verzieren. Fest werden lassen und den Kuchen aus der Form lösen.

AMARETTO-MANDEL-TARTE

Für 1 runde Silikonform (4 Stücke)
15 Min. Zubereitung
25 Min. Backen
Pro Stück ca. 291 kcal,
5 g EW, 18 g F, 25 g KH

60 g Mehl
50 g weiche Butter
25 g Zucker
2 kleine Eier (trennen)
15 g gemahlene Mandeln
⅓ Pck. (20 g) Vanillepuddingpulver
2 TL Amaretto
3 TL Mandelstifte
½ TL Zucker

Außerdem
neutrales Öl für die Form

1 Den Backofen auf 180° vorheizen. Die Form mit Öl einfetten. Mehl, 35 g Butter, 10 g Zucker und 1 Ei zu Streuseln verkneten. In der Form verteilen und mit der Hand zu Boden und Rand formen.

2 Für den Belag das andere Ei trennen und das Eiweiß zu steifem Schnee schlagen. Das Eigelb mit 15 g Zucker, 15 g Butter, gemahlenen Mandeln, Puddingpulver und Amaretto oder Bittermandel-Aroma mit den Schneebesen des Handrührgeräts cremig rühren. Zuletzt den Eischnee mit einem Schneebesen vorsichtig unterheben.

3 Die Mandelmasse auf dem Teigboden verteilen. Die Mandelstifte mit dem Zucker mischen und auf die Tarte streuen. Die Tarte im Ofen (Mitte) ca. 25 Min. backen.

TIPP

Damit der Eischnee sicher gelingt, müssen die Quirle blitzsauber sein. Deshalb schlage ich den Eischnee immer zuerst. Beim Verrühren von Eigelb und anderen Zutaten darf dann ruhig etwas Eischnee an den Quirlen hängen.

RUSSISCHER ZUPFKUCHEN

Für 1 runde Silikonform (4 Stücke)
25 Min. Zubereitung
35 Min. Backen
Pro Stück ca. 390 kcal
12 g EW, 22 g F, 35 g KH

80 g Butter
30 g Zucker
2 kleine Eier
100 g Dinkelvollkornmehl
½ TL Kakaopulver
½ TL Backpulver
15 g Zartbitter-Raspelschokolade
140 g Magerquark
30 g Puderzucker
½ TL Zitronensaft
1 kleine Prise Salz
1 Msp. gemahlene Vanille
½ TL Speisestärke

Außerdem
neutrales Öl für die Form

1 Backofen auf 180° vorheizen. Die Form mit Öl einfetten. 60 g Butter, Zucker und 1 Ei mit den Schneebesen des Handrührgeräts cremig rühren. Mehl, Kakao, Backpulver und Raspelschokolade mischen, kurz unterrühren. Drei Viertel vom Teig in der Form verteilen und zu Boden und Rand formen.

2 Für den Belag 20 g Butter schmelzen. Mit dem Magerquark, 1 Ei, Puderzucker, Zitronensaft, Salz, Vanille und Stärke cremig rühren. Die Quarkmasse auf dem Boden verstreichen. Den restlichen Teig in kleine Stücke zupfen und auf der Quarkmasse verteilen. Im Ofen (Mitte) 35–40 Min. backen.

VARIANTE MANDARINEN-KÄSEKUCHEN

Den gesamten Teig in der Form verteilen und zu einem Boden formen. Die Quarkmasse daraufgeben. 1 Mandarine (ca. 100 g) schälen, in Spalten teilen und auf die Quarkmasse legen. Den Kuchen wie beschrieben backen. Nach dem Backen ½ EL Orangenmarmelade erwärmen und die Mandarinen damit bepinseln.

SCHOKO-KOKOS-KUCHEN

Für 1 viereckige Silikonform (4 Stücke)
30 Min. Zubereitung
25 Min. Backen
Pro Stück ca. 314 kcal,
5 g EW, 18 g F, 33 g KH

60 g Zartbitterschokolade
1 Ei (Größe L)
Salz
40 g Zucker
1 TL Whiskey (nach Belieben)
40 g Kokosraspel
1 EL Puderzucker
60 g Schokoraspel
10 g Butter
1 EL Kokoschips

Außerdem
neutrales Öl und Mehl
für die Form

1 Den Backofen auf 180° vorheizen. Die Form auf ein Backblech stellen. Für den Teig die Schokolade in Stücke brechen. In einem kleinen Topf 1 EL Wasser erwärmen und die Schokolade darin unter Rühren schmelzen lassen.

2 Das Ei trennen, das Eiweiß mit 1 Prise Salz steif schlagen. Das Eigelb mit dem Zucker hellcremig aufschlagen. Die geschmolzene Schokolade und nach Belieben den Whiskey unterrühren, dann den Eischnee und die Kokosraspel unterheben. Den Teig gleichmäßig in die Form füllen und im heißen Ofen (Mitte) ca. 25 Min. backen. Den Kuchen herausnehmen und ca. 10 Min. abkühlen lassen, danach aus der Form lösen.

3 Für die Glasur Puderzucker und 3 EL Wasser in einem kleinen Topf erhitzen. Die Schokoraspel zugeben und unter Rühren schmelzen lassen. Den Topf vom Herd nehmen und die Butter unterrühren. Die Kuchen mit der Schokoglasur überziehen und mit den Kokoschips bestreuen.

GRANATAPFEL-CHEESECAKE

Für 1 viereckige Silikonform (4 Stücke)
25 Min. Zubereitung
25 Min. Backen
Pro Stück ca. 377 kcal,
6 g EW, 21 g F, 40 g KH

6 Kakaokekse
2 TL Butter (schmelzen)
150 g Doppelrahmfrischkäse
3 TL Speisestärke
1 Ei
30 g Zucker
40 g Sahne
2 TL Zitronensaft
½ Granatapfel
1 TL Speisestärke
35 ml Granatapfelsirup
2 TL Puderzucker

Außerdem
neutrales Öl und Mehl
für die Form

1 Den Backofen auf 180° vorheizen. Die Form auf ein Backblech stellen. Die Kekse zerkrümeln, mit der geschmolzenen Butter verkneten und auf den Boden der Form legen. In der Form andrücken, kurz anbacken in den Kühlschrank stellen

2 Den Frischkäse mit Speisestärke, Ei und Zucker glatt rühren. Sahne und Zitronensaft unterrühren. Die Creme dann gleichmäßig auf den Keksen verteilen und den Kuchen im heißen Ofen (Mitte) ca. 25 Min. backen. Nach ca. 10 Min. die Form mit einem großen Bogen Alufolie abdecken, damit die Oberfläche nicht braun wird. Kuchen herausnehmen und ca. 10 Min. abkühlen lassen. Danach aus der Form lösen und vollständig abkühlen lassen.

3 Für das Kompott 1 EL Kerne aus dem halben Granatapfel herauslösen und die Hälften auf der Zitruspresse vorsichtig auspressen. Den Saft mit der Stärke glatt rühren. Granatapfelsirup und Puderzucker aufkochen, die angerührte Speisestärke einrühren und aufkochen lassen. Die Kerne zugeben und bei schwacher Hitze ca. 5 Min. ziehen lassen. Das Kompott abkühlen lassen, dann mit einem Löffel auf den Kuchen träufeln.

TIPP

Granatapfelsirup bekommen Sie in gut sortierten Supermärkten und natürlich in türkischen Lebensmittelläden. Wenn nicht, verwenden Sie stattdessen Granatapfelsaft.

QUARKSTOLLEN

Für 1 viereckige Silikonform (4 Stücke)
25 Min. Zubereitung
25 Min. Backen
Pro Stück ca. 339 kcal,
11 g EW, 12 g F, 46 g KH

20 g Zitronat
100 g Magerquark
30 g weiche Butter
30 g Zucker
1 Ei
2 Tropfen Backöl Bittermandel
2 Tropfen Backöl Zitrone
30 g gehackte Mandeln
40 g Rumrosinen (Fertigprodukt)
150 g Mehl
1 TL Backpulver
Puderzucker zum Bestäuben

Außerdem
neutrales Öl und Mehl
für die Form

1 Den Backofen auf 180° vorheizen. Die Form auf ein Backblech stellen. Das Zitronat fein hacken. Den Quark in ein Mull- oder Küchentuch geben, die Enden zusammenfassen und den Quark mit den Händen leicht auspressen.

2 In einer Schüssel 20 g Butter mit Zucker, Ei, Quark, Bittermandel- und Zitronenöl glatt rühren. Zitronat, Mandeln und Rumrosinen unterrühren. Das Mehl mit Backpulver mischen und unterheben. Den Teig in die Form füllen. Im heißen Ofen (Mitte) ca. 25 Min. backen.

3 Inzwischen die restliche Butter in einem kleinen Topf schmelzen. Den Stollen aus dem Ofen nehmen und noch heiß mit der geschmolzenen Butter bestreichen. Den Stollen ca. 10 Min. abkühlen lassen, danach aus der Form lösen und dick mit Puderzucker bestäuben.

CAIPIRINHA-TARTE

Für 1 Herz-Silikonform (4 Stücke)
20 Min. Zubereitung
30 Min. Backen
Pro Stück ca. 278 kcal,
5 g EW, 18 g F, 24 g KH

70 g Mehl
40 g Butter
12 g Puderzucker

Für Belag und Deko
½ Bio-Limette
1 Ei
75 g Sahne
30 g Zucker
25 ml weißer Rum
1 TL gehackte Pistazien

Außerdem
neutrales Öl für die Form

1 Den Backofen auf 175° vorheizen. Die Form mit Öl einfetten. Für den Teig Mehl mit Butter und Zucker zu Streuseln verkneten. Die Streusel gleichmäßig in der Form verteilen und mit der Hand zu Boden und Rand formen.

2 Für den Belag die Limette heiß abwaschen, abtrocknen und die Hälfte der Schale fein abreiben. Die andere Hälfte der Schale nach Belieben mit einem Zestenreißer in langen Streifen abziehen und für die Deko beiseitelegen. Die Limette dann auspressen.

3 Ei, Sahne, Zucker, Rum, abgeriebene Limettenschale und den Limettensaft mit dem Handrührgerät schaumig rühren. Dann die Eiermasse auf den Teig gießen. Die Tarte im Ofen (Mitte) 30–40 Min. backen, bis die Oberfläche leicht bräunt.

4 Herausnehmen und die Tarte mit Pistazien bestreuen. Nach Belieben zusätzlich die Limettenzesten aufstreuen, sie verstärken den Limettengeschmack noch. Ofenwarm servieren.

VARIANTE PIÑA-COLADA-TARTE

70 g Ananasstücke in ein Sieb abgießen und abtropfen lassen. Dabei den Saft auffangen. Die Ananasstücke auf dem Teig verteilen. Für den Belag die Sahne gegen 75 g cremige Kokosmilch tauschen und den Limettensaft durch 15 ml Ananassaft ersetzen. Die Kokosmasse über die Ananasstücke gießen und die Tarte wie oben beschrieben backen. Nach dem Backen statt der gehackten Pistazien 1 EL Kokoschips auf die Tarte streuen.

SAHNIGES KIRSCHHERZ

Für 1 Herz-Silikonform (4 Stücke)
45 Min. Zubereitung
15 Min. Backen
2 Std. oder über Nacht Kühlen
Pro Stück: ca. 423 kcal
14 g EW, 22 g F, 22 g KH

40 g Zartbitterschokolade
20 g Butter
1 Ei (Größe M)
20 g Zucker
20 g Mehl
10 g gemahlene Mandeln
150 g reife Kirschen
50 ml Kirschsaft (möglichst ungesüßt)
4 Blatt Gelatine
100 g Sahne
50 g Crème fraîche
1 EL Maraschino-Likör

Für die Deko
Schokospäne
farbiger Dekorzucker

Außerdem
neutrales Öl und Mehl
für die Form

1 Schokolade schmelzen. Butter schaumig schlagen. Ei trennen. Eigelb mit der flüssigen Schokolade unter die Butter rühren. Eiweiß steif schlagen, dabei den Zucker einrieseln lassen. Eischnee abwechselnd mit dem Mehl und den Mandeln unter die Schokomasse heben.

2 Backofen auf 180° (Umluft 160°) vorheizen. Backblech mit Papier belegen. Herzförmige Silikonform daraufsetzen. Teig gleichmäßig ca. 1 cm dick darin verteilen, glatt streichen und im heißen Ofen (Mitte) in ca. 15–17 Min. goldbraun backen. Aus dem Ofen nehmen und in der Form auskühlen lassen.

3 Inzwischen die Kirschen waschen, putzen und entsteinen. 2–3 Kirschen für die Dekoration beiseitelegen. Kirschsaft mit den restlichen Kirschen ca. 10 Min. leise kochen lassen, dann sehr fein pürieren. Gelatine ca. 5 Min. in kaltem Wasser einweichen, ausdrücken und im heißen Kirschpüree auflösen. Püree vollständig im Kühlschrank auskühlen und leicht gelieren lassen.

4 Die Sahne steif schlagen. Das Kirschpüree aus dem Kühlschrank nehmen, mit Crème fraîche und Maraschino-Likör glatt rühren, Sahne unterheben.

5 Kirschcreme in die Herzform füllen, glatt streichen und alles erneut mind. 2 Std., am besten über Nacht, in der Form kühl stellen. Zum Servieren die Form entfernen. Zum Garnieren Schokospäne mit einem Teigspachtel an den Tortenrand drücken. Torte nach Belieben mit Dekorzucker bestreuen und mit den beiseitegelegten Kirschen belegen.

TORTEN

TIRAMISU-TORTE

Für 1 runde Silikonform (4 Stücke)
30 Min. Zubereitung
20 Min. Backen
Pro Stück ca. 314 kcal,
5 g EW, 24 g F, 18 g KH

40 g weiche Butter
20 g Zucker
1 Ei
40 g Mehl
13 g Kakaopulver
½ TL Backpulver

Für Füllung und Deko
1 TL Instant-Espressopulver
1 TL Marsala (ital. Dessertwein,
nach Belieben)
15 g Zucker
80 g Mascarpone
30 g Schmand
½ TL Kakaopulver
2 Amarenakirschen (aus dem
Glas, nach Belieben)
1 TL Mandelstifte
(nach Belieben)

Außerdem
neutrales Öl und Mehl
für die Form

1 Den Backofen auf 200° vorheizen. Die Form mit Öl einfetten und mit Mehl ausstreuen. Für den Teig Butter und Zucker mit den Schneebesen des Handrührgeräts cremig rühren. Das Ei einrühren, bis eine glatte, cremige Masse entstanden ist. Mehl, Kakaopulver und Backpulver mischen und ganz kurz unterrühren.

2 Den Teig in die Form füllen und glatt streichen. Im Ofen (Mitte) ca. 20 Min. backen. Herausnehmen und 5 Min. ruhen lassen. Den Kuchen dann aus der Form lösen und abkühlen lassen.

3 Für die Füllung das Espressopulver in 1 EL kochendem Wasser auflösen. Mit Marsala, Zucker, Mascarpone und Schmand verrühren. Den Kuchen waagerecht halbieren und den Springformrand um den Boden legen. Die Hälfte der Espressocreme daraufstreichen und die obere Hälfte wieder auflegen. Mit der restlichen Espressocreme bestreichen.

4 Für die Deko das Kakaopulver aufstreuen. Die Amarenakirschen in einem Sieb abtropfen lassen und halbieren. Die Torte nach Belieben mit Kirschhälften und Mandelstiften verzieren. Vor dem Servieren den Springformrand abnehmen.

TIPP

Den italienischen Dessertwein Marsala gibt es auch in kleinen Flaschen. Wenn Sie ihn nicht im Haus haben, verwenden Sie stattdessen einfach Amaretto, Cognac oder Weinbrand. Die Torte schmeckt noch besser und lässt sich perfekt schneiden, wenn sie 1 Tag im Kühlschrank ruhen darf. Dann erst kurz vor dem Servieren mit Kakaopulver, Kirschen und Mandelstiften verzieren.

HIMBEER-SCHICHTTORTE

Für 1 runde Silikonform (4 Stücke)
30 Min. Zubereitung
15 Min. Backen
30 Min. Kühlen
Pro Stück ca. 271 kcal,
6 g EW, 14 g F, 29 g KH

1 Ei (Größe S)
24 g Zucker
1 kleine Prise Salz
30 g Mehl

Für Füllung und Belag
80 g Himbeergelee
1–2 EL Kirschsaft
1 TL Instant-Gelatine
20 g Sahne
4 EL Kokosraspel
32 g Doppelrahmfrischkäse
1 TL Zucker
20 g Himbeeren (ersatzweise
10 g Zartbitter-Kuchenglasur zum
Erwärmen im Beutel)
Zuckerdeko (nach Belieben)

Außerdem
neutrales Öl und Mehl
für die Form

1 Den Backofen auf 180° vorheizen. Nur den Formboden mit Öl einfetten und mit Mehl bestreuen. Für den Teig Ei, Zucker, Salz und 1 EL heißes Wasser mit dem Handrührgerät hell und dickschaumig schlagen. Das Mehl nur ganz kurz unterrühren, bis es nicht mehr sichtbar ist.

2 Den Teig in die Form füllen und im Ofen (Mitte) ca. 15 Min. backen. Zur Garprobe mit einem Finger auf die Oberfläche drücken. Federt sie leicht zurück, ist der Kuchen durchgebacken. Herausnehmen und 5 Min. ruhen lassen. Den Kuchen dann aus der Form lösen, waagerecht halbieren und beide Hälften auskühlen lassen.

3 Für die Füllung den Boden mit 1–2 EL Himbeergelee bestreichen, dann die obere Hälfte wieder auflegen. Das restliche Himbeergelee in einem Topf leicht erwärmen und den Kirschsaft einrühren. Danach die Instant-Gelatine mit einem Schneebesen gut unterrühren. Den Himbeerguss beiseitestellen.

4 Die Sahne mixen, dann 2 EL Kokosraspel, Frischkäse und Zucker einrühren. Die Torte mit der Creme überziehen. Den Himbeerguss auf die Mitte der Torte gießen und nach allen Seiten leicht verlaufen lassen. Die Torte ca. 30 Min. kühl stellen, bis der Himbeerguss geliert ist.

5 Die Torte mit Himbeeren, übrigen Kokosraspeln und nach Belieben Zuckerdeko verzieren. Ersatzweise die Kuchenglasur nach Packungsangabe im heißen Wasserbad oder in der Mikrowelle im Beutel schmelzen. Eine kleine Ecke abschneiden und die Torte damit verzieren. Die Torte bis zum Servieren kühlen.

GÖTTERTORTE

Für 1 runde Silikonform (4 Stücke)
30 Min. Zubereitung
4 Std. Kühlen
Pro Stück ca. 197 kcal,
2 g EW, 14 g F, 16 g KH

½ Pck. Himbeer-Götterspeise
24 g Zucker
40 g Doppelrahmfrischkäse
80 g Sahne

Für den Boden
24 g Butter
40 g Löffelbiskuits

Außerdem
neutrales Öl und Mehl
für die Form

1 Die Backform mit Frischhaltefolie auskleiden, sodass sie an allen Seiten übersteht um ein einfaches Herausheben zu ermöglichen. Das Götterspeisenpulver mit dem Zucker und 150 ml Wasser verrühren. Dann 10 Min. quellen lassen.

2 Für den Boden die Butter schmelzen. Die Löffelbiskuits in einen Gefrierbeutel geben, verschließen und mit der Teigrolle fein zerbröseln. Die Biskuitbrösel mit der geschmolzenen Butter mischen. Die Form auf eine Kuchenplatte stellen. Von den Biskuitbröseln 2 EL abnehmen und für die Deko beiseitestellen. Die restlichen Brösel in der Form verteilen und mit einem Löffelrücken gut andrücken. Den Boden bis zur Verwendung kühlen.

3 Die Götterspeise unter Rühren erhitzen, bis sich Pulver und Zucker gelöst haben. Dabei jedoch nicht kochen lassen. 50 ml Götterspeise in einen tiefen Teller gießen und abkühlen lassen. Dann im Kühlschrank ca. 1 Std. 30 Min. vollständig gelieren lassen.

4 Die restliche Götterspeise mit dem Frischkäse verrühren und in eine flache Schale gießen. Im Kühlschrank ca. 30 Min. abkühlen lassen, bis die Creme kalt, aber noch nicht fest ist. Die Sahne steif schlagen und unterheben. Die Creme auf den Bröselboden streichen und die Torte ca. 2 Std. kühl stellen.

5 Die Torte aus der Form lösen. Die gelierte Götterspeise auf dem Teller in kleine Quadrate schneiden und auf die Torte legen. Den Tortenrand mithilfe eines Messers mit den restlichen Biskuitbröseln verzieren.

BIRNEN-MARACUJA-TORTE

Für 1 runde Silikonform (4 Stücke)
25 Min. Zubereitung
30 Min. Backen
1 Std. Kühlen
Pro Stück ca. 290 kcal,
4 g EW, 15 g F, 34 g KH

60 g Mehl
25 g kalte Butter
1 gehäufter TL Puderzucker
1 Eigelb
⅓ Pck. (20 g) Vanillepuddingpulver
40 g Zucker
125 ml Maracujanektar (30 ml mit Puddingpulver mischen, 95 ml aufkochen)
½ Birne
65 g Sahne
1 EL Haselnusskrokant
(Fertigprodukt oder selbst gemacht, vgl. S. 6)

Außerdem
neutrales Öl für die Form

1 Den Backofen auf 180° vorheizen. Die Form mit Öl einfetten. Für den Teig Mehl, Butter, Puderzucker und das Eigelb zu Streuseln verkneten. Die Streusel gleichmäßig in der Form verteilen und mit der Hand zu Boden und Rand formen.

2 Für den Belag Puddingpulver und Zucker mit 30 ml Maracujanektar glatt rühren. Den restlichen Maracujanektar aufkochen, das Puddingpulver einrühren und 1–2 Min. kochen lassen. Den Pudding vom Herd nehmen, ab und zu durchrühren. Unbedingt abkühlen lassen und zwischendurch umrühren.

3 Die Birnenhälfte schälen, vierteln und das Kerngehäuse entfernen. Die Viertel längs halbieren und die Spalten auf dem Teig verteilen. Den Pudding darübergießen und den Kuchen im Ofen (Mitte) ca. 30 Min. backen. Herausnehmen und den Kuchen mindestens 1 Std. in der Form abkühlen lassen. Danach aus der Form lösen.

4 Zuletzt die Sahne steif schlagen und auf den Kuchen streichen. Die Torte mit Haselnusskrokant bestreuen.

FRÜHLINGSTORTE

Für 1 runde Silikonform (4 Stücke)
20 Min. Zubereitung
3 Std. Kühlen
Pro Stück ca. 131 kcal,
9 g EW, 2 g F, 19 g KH

1 Pck. Instant-Gelatine
(für ½ l Flüssigkeit)
150 ml Apfelsaft
½ Orange
48 g Früchtemüslimischung
40 g Mascarpone
100 g TK-Himbeeren
1 EL Haferflockenkrokant

Außerdem
1–2 EL Mandelblättchen
für die Form

1 Die Backform mit Frischhaltefolie auskleiden, sodass sie an allen Seiten übersteht, um ein einfaches Herausheben zu ermöglichen. In den Kühlschrank stellen. Die halbe Packung Instant-Gelatine mit einem Schneebesen sorgfältig in den Apfelsaft rühren. Den Saft dann kühl stellen.

2 Für den Boden die Form mit Mandelblättchen ausstreuen. ¼ Orange auspressen und 2 EL Saft mit Müslimischung und Mascarpone verkneten. Die Müslimasse mit dem Rücken eines angefeuchteten Esslöffels sorgfältig auf dem Boden der Form verstreichen. Dabei darauf achten, dass der Rand gut abschließt.

3 Die restliche Orange schälen, in dünne Scheiben schneiden und auf den Müsliboden legen. Die tiefgekühlten Himbeeren darauf verteilen. Den Apfelsaft löffelweise über die Himbeeren träufeln, damit er schneller geliert.

4 Die Torte ca. 3 Std. in den Kühlschrank stellen und fest werden lassen. Danach aus der Form lösen und nach Belieben mit Haferflockenkrokant bestreuen.

TIPP

Instant-Gelatine lässt sich einfacher verarbeiten und gelingt sicherer als gewöhnliche Gelatine. Sie muss bei der Verarbeitung nicht erwärmt werden und es entstehen auch keine Klümpchen. Das weiße Pulver wird nur sorgfältig mit einem Schneebesen in die jeweilige Flüssigkeit eingerührt und dann kalt gestellt. Da die unterschiedlichen Hersteller verschiedene Packungsgrößen anbieten, achten Sie beim Kauf unbedingt auf die angegebene Flüssigkeitsmenge.

REGISTER

REGISTER

IMPRESSUM

Genehmigte Lizenzausgabe für Weltbild GmbH & Co. KG,
Werner-von-Siemens-Str. 1,
86159 Augsburg

Copyright der Originalausgaben
© 2017 GRÄFE UND UNZER VERLAG GmbH, München

Layout, Satz, Redaktion: bookwise GmbH, München

Autoren: Karola Wiedemann, Christa Schmedes, Cornelia Schirnharl, Andreas Neubauer,
Axel Müller, Barbara Sedlmayr

Bildnachweis:

Umschlagvorderseite und -rückseite:
Alexander Walter

Innenseiten:
Ulrike Schmid/Sabine Mader: S. 2–5, 7, 8, 10, 13, 20, 27, 28, 31, 33, 34, 37, 51, 52, 54,
66–67, 68, 71, 73, 75, 76;
Anke Schütz: S. 48–49;
Alexander Walter: S. 14, 17, 19, 22–23, 39, 40, 42, 45, 47, 57, 58, 61, 62;
Michael Wissing: S. 24, 64

978-3-8289-2881-7